BEI GRIN MACHT SICH I WISSEN BEZAHLT

- Wir veröffentlichen Ihre Hausarbeit, Bachelor- und Masterarbeit

- Ihr eigenes eBook und Buch - weltweit in allen wichtigen Shops

- Verdienen Sie an jedem Verkauf

Jetzt bei www.GRIN.com hochladen und kostenlos publizieren

Anonym

Neurobiologische Aspekte des Spracherwerbs

GRIN Verlag

Bibliografische Information der Deutschen Nationalbibliothek:

Die Deutsche Bibliothek verzeichnet diese Publikation in der Deutschen National-bibliografie; detaillierte bibliografische Daten sind im Internet über http://dnb.d-nb.de/ abrufbar.

Dieses Werk sowie alle darin enthaltenen einzelnen Beiträge und Abbildungen sind urheberrechtlich geschützt. Jede Verwertung, die nicht ausdrücklich vom Urheberrechtsschutz zugelassen ist, bedarf der vorherigen Zustimmung des Verlages. Das gilt insbesondere für Vervielfältigungen, Bearbeitungen, Übersetzungen, Mikroverfilmungen, Auswertungen durch Datenbanken und für die Einspeicherung und Verarbeitung in elektronische Systeme. Alle Rechte, auch die des auszugsweisen Nachdrucks, der fotomechanischen Wiedergabe (einschließlich Mikrokopie) sowie der Auswertung durch Datenbanken oder ähnliche Einrichtungen, vorbehalten.

Impressum:

Copyright © 2010 GRIN Verlag GmbH
Druck und Bindung: Books on Demand GmbH, Norderstedt Germany
ISBN: 978-3-640-81423-7

Dieses Buch bei GRIN:

http://www.grin.com/de/e-book/165786/neurobiologische-aspekte-des-spracherwerbs

GRIN - Your knowledge has value

Der GRIN Verlag publiziert seit 1998 wissenschaftliche Arbeiten von Studenten, Hochschullehrern und anderen Akademikern als eBook und gedrucktes Buch. Die Verlagswebsite www.grin.com ist die ideale Plattform zur Veröffentlichung von Hausarbeiten, Abschlussarbeiten, wissenschaftlichen Aufsätzen, Dissertationen und Fachbüchern.

Besuchen Sie uns im Internet:

http://www.grin.com/

http://www.facebook.com/grincom

http://www.twitter.com/grin_com

Inhaltsverzeichnis

1 Einleitung ... 2
2 Spezifizierung von Hirnregionen für Sprachverarbeitung ... 3
   2.1 Sprachlateralisierung ... 3
   2.2 Das „Sprachzentrum": Broca- und Wernicke-Areal ... 6
      2.2.1 Das Broca-Areal ... 6
      2.2.2 Das Wernicke-Areal ... 7
      2.2.3 Entwicklung der getrennten Verarbeitung von Semantik und Grammatik ... 8
3 Spiegelneuronen ... 9
   3.1 Entdeckung der Spiegelneuronen ... 9
   3.2 Funktion ... 10
   3.3 Fehlfunktionen ... 10
   3.4 Bedeutung für Sprache ... 11
4 Fazit ... 11
5 Literaturverzeichnis ... 13

1 Einleitung

Das menschliche Gehirn ist eines der komplexesten Organe des menschlichen Körpers und deshalb ein interessanter Forschungsgegenstand. In der Sprachwissenschaft sind neurobiologische Hintergründe zur Sprachproduktion und -verarbeitung von Belang, da der Mensch ohne diese naturgegebene Grundlage nicht in der Lage wäre, überhaupt zu sprechen oder zu lernen.

Es ist bekannt, dass sich das Gehirn in Areale aufschlüsseln lässt, die jeweils unterschiedliche Funktionen haben. Man kann also von einer Arbeitsteilung sprechen, da zum Beispiel motorische und sensorische Prozesse in verschiedenen Bereichen separat gesteuert werden. Folglich ist es nicht verwunderlich, dass sich das menschliche Gehirn in diverse für die Sprachverarbeitung relevante Teile aufschlüsseln lässt.

Man kann beispielsweise zwischen den beiden Hirnhemisphären unterscheiden und untersuchen, ob nur eine oder gar beide Hälften an der Verarbeitung sprachlicher Informationen beteiligt sind. Zudem sind bestimmte Hirnareale, wie das Broca- und das Wernicke-Areal für die Verwertung sprachlicher Informationen wie etwa der Grammatik und der Semantik von Belang. Im Folgenden sollen die jeweiligen Funktionen von den an der Sprachverarbeitung beteiligten Hirnregionen aufgeführt werden um klären zu können, inwiefern die zerebrale Arbeitsteilung konkret organisiert ist. Zudem werden wir auf ihre Entwicklung im Kindesalter eingehen, um Aufschluss darüber zu erhalten, ob Säuglinge und Kleinkinder Sprache neurobiologisch genauso verwerten wie Erwachsene. Eine weitere Fragestellung, auf die in diesem Kontext eingegangen werden soll, ist, ob und in welchem Maße Sprachverarbeitung genetisch determiniert ist.

Viele Wissenschaftler beschreiben Spiegelneuronen als eine der wichtigsten Entdeckungen der Neurobiologie. Sie sind von großer Bedeutung für die Imitation von Handlungen unter anderem bezogen auf Spracherwerb. Spiegelneuronen sind ein komplexes System von bestimmten Nervenzellen. Diese Nervenzellen im Gehirn einer Person aktiv wenn sie das Verhalten oder auch ein Gefühl eines anderen Menschen beobachtet.

Interessant ist dabei was Spiegelneuronen tatsächlich sind und welche Funktion und Bedeutung sie für den Spracherwerb haben.

Die folgende Arbeit stellt sich aus zwei Teilen zusammen. Der erste Teil beschäftigt sich mit der Spezifizierung von Hirnregionen für die Sprachverarbeitung. Dabei wird anfangs auf die Sprachlateralisierung eingegangen und folgend auf das „Sprachzentrum", dem Broca- und dem Wernicke-Arela. Schließlich endet der erste Teil mit einer Darstellung der Entwicklung der getrennten Verarbeitung von Semantik und Grammatik. Der zweite Teil der Arbeit spezialisiert sich auf die Spiegelneuronen, mit ihrer Entdeckung, Funktion, sowie auch auf die Fehlfunktion und ihre Folgen. Abschließend wird auf die Bedeutung der Spiegelneuronen für die Sprache eingegangen.

2 Spezifizierung von Hirnregionen für Sprachverarbeitung

2.1 Sprachlateralisierung

„The two cerebral hemispheres are neither structurally nor functionally equivalent."[1]
Dieses Zitat deutet darauf hin, dass beide Hirnhälften unterschiedliche Funktionen haben. Während die rechte Hemisphäre für die Bearbeitung von räumlichen Informationen zuständig ist, übernimmt die linke die Auswertung von analytischem und rationalem Material.[2] Demnach liegt die Vermutung nahe, dass wegen der Arbeitsteilung im menschlichen Gehirn eine Sprachlateralisierung, also dass Sprachverarbeitung bevorzugt mit einer Hirnhemisphäre geschieht, vorliegen könnte.[3] Neurologische Studien belegen, dass im Normalfall die linke Gehirnhälfte eines Menschen mehr Aktivität zeigt als die rechte.[4] Bei der Bearbeitung von sprachlichen Informationen lässt sich ebenfalls belegen, dass (zumindest bei Erwachsenen) die linke Hirnhemisphäre maßgeblich den Prozess steuert.[5] Aufgrund dessen treten bei linksseitigen Hirnschädigungen häufig Aphasien auf, wohingegen eine rechtsseitige Beeinträchtigung oftmals keinen Einfluss auf die sprachliche Entwicklung eines Menschen hat.[6] Folglich kann man sich die Frage stellen, ob die rechte Hirnhemisphäre für Sprachverarbeitung gänzlich ungeeignet wäre.

---

[1] Lust, Barbara (2006): *Child Language: Acquisition and Growth.* Cambridge (u.a.): Cambridge University Press. S. 76.

[2] Wellhöfer, Peter R. (1990): *Grundstudium Allgemeine Psychologie.* 2. Aufl., Stuttgart: Enke. S. 43.

[3] Jäncke, Lutz (2006): „Funktionale Links-rechts-Asymmetrien." In: *Neuropsychologie.* 2. Aufl., Hrsg. von Hans-Otto Karnath und Peter Thier. Heidelberg: Springer Verlag, 595-604. S. 595.

[4] Wellhöfer: *Grundstudium Allgemeine Psychologie.* S. 43.

[5] Szagun, Gisela (2006): *Sprachentwicklung beim Kind.* Vollständig überarbeitete Neuausgabe, Weinheim / Basel: Beltz Verlag. S. 242.

[6] Lust: *Child Language: Acquisition and Growth.* S. 77.

Die Sprachwissenschaftlerin Gisela Szagun gelangte zu der Erkenntnis, dass prinzipiell beide Gehirnhälften in der Lage wären, sprachliches Material zu verwerten. Dies belegt sie, indem sie aufführt, dass bei Säuglingen und Kleinkindern noch keine zerebrale Präferenz vorhanden wäre. Wenn nämlich ein Kind eine einseitige Schädigung des Gehirns aufweise, können seine sprachlichen Fähigkeiten ab dem sechsten Lebensjahr durchaus denen von normal entwickelten Kindern entsprechen. Dieses empirisch belegbare Resultat sagt folglich aus, dass zumindest im frühen Kindesalter auch die rechte Gehirnhälfte die Verarbeitung sprachlicher Informationen beherrscht.[7]

Obwohl also beide Hirnhemisphären Sprache verwerten könnten, haben Untersuchungen von Kindern mit Hemisphärektomie ergeben, dass die jeweiligen sprachlichen Fähigkeiten in einem direkten Zusammenhang mit der Lage der vorhandenen Hirnhälfte stehen. Patienten, denen die rechte Gehirnhälfte chirurgisch entfernt wurde, wiesen zwar sprachliche Defizite auf, hatten aber eine wesentlich geringere Fehlerquote bei der Produktion syntaktischer Formulierungen als Patienten mit fehlender linker Hirnhemisphäre. Sie waren zudem in der Lage, Aussagen wie etwa in (1) auf grammatikalische Korrektheit zu bewerten.[8]

(1) a. *The bucket transported by the man.
    b. The bucket was transported by the man.

Kinder mit linksseitiger Hemisphärektomie hingegen, konnten zwar semantische Fehler wie in (2) erkennen, hatten aber Schwierigkeiten beim Gebrauch von Hilfsverben und waren hinsichtlich ihrer sprachlichen Fähigkeiten den Patienten mit rechtsseitiger Hemisphärektomie unterlegen.[9]

(2) My mother has cooked a car.

Untersuchungen von Patienten, die im Erwachsenenalter eine Gehirnhälfte verloren, führten zu dem gleichen Resultat.[10] Somit kann man festhalten, dass der Verlust der linken Gehirnhälfte die sprachliche Entwicklung eines Kindes deutlicher beeinträchtigt als der der rechten.

---

[7] Szagun: *Sprachentwicklung beim Kind.* S. 243.
[8] Lust: *Child Language: Acquisition and Growth.* S. 82.
[9] Ebd.
[10] Hartje, Wolfgang / Poeck, Klaus (2006): *Klinische Neuropsychologie.* 6. Aufl., Stuttgart: Georg Thieme Verlag. S. 87.

Wie aber kann man sich erklären, dass die linke Hemisphäre für die Sprachverarbeitung scheinbar eine wichtigere Rolle spielt? Eine Vermutung, die in sprachwissenschaftlichen Untersuchungen häufig zu finden ist, lautet, dass die Verarbeitung sprachlicher Informationen ähnlich verlaufen könnte, wie die Auswertung von Körperbewegungen.[11] Die motorischen und sensorischen Felder, die die rechte Seite des Körpers steuern, befinden sich in der linken Hirnhemisphäre und umgekehrt. Bei der Bewegung des rechten Arms beispielsweise agiert die linke Gehirnhälfte. Folglich muss bei rechtshändigen Personen die Aktivität der linken Hemisphäre zumindest bei motorischen Abläufen stärker sein als die der rechten.

Da ca. 90% aller Menschen Rechtshänder sind, könnte man also davon ausgehen, dass die linke Gehirnhälfte bezüglich der Verarbeitung und Steuerung motorischer Informationen im Normalfall aktiver ist.[12] Nun könnte man überlegen, ob sich die linksseitige zerebrale Präferenz bei der Sprachverarbeitung motorisch begründen lässt. Dem steht jedoch entgegen, dass auch ein Großteil der Linkshänder Sprache überwiegend linkshemisphärisch verwertet.[13]

Sprachlateralisierung	Links	Rechts	Links/Rechts
• Rechtshänder:	96%	4%	0%
• Linkshänder:	70%	15%	15%

(D'hulst, 2010)

Obwohl der Anteil von Linkshändern mit linkshemisphärischer Sprachverarbeitung geringer ist als der der Rechtshänder, kann man ausschließen, dass ein eindeutiger Zusammenhang zwischen Händigkeit und zerebraler Präferenz besteht. Jedoch sollte man berücksichtigen, dass nur bei linkshändigen Personen bilaterale Sprachverarbeitung feststellbar ist.

Bei neurobiologischen Untersuchungen an Kindern, die bereits innerhalb ihrer ersten vier Lebensjahre Gebärdensprache erlernten, konnte ebenfalls eine Sprachlateralisierung zu Gunsten der linken Hemisphäre festgehalten werden. Je später jedoch diese Form der nonverbalen Kommunikation erworben wurde, desto mehr wurde die rechte Gehirnhälfte in den Sprachprozess eingebunden. Aufgrund dessen kann man davon

---

[11] Dieser Ansatz wird beispielsweise in den bereits genannten Werken von Lust oder Szagun untersucht.

[12] Lust: *Child Language: Acquisition and Growth*. S. 78.

[13] Ebd.

ausgehen, dass die Präferenz der linken Hirnhemisphäre nur zum Teil genetisch beeinflusst wird, da beim Erlernen von Gebärdensprache eine Verknüpfung von sprachlichen Inhalten innerhalb der rechten Gehirnhälfte auftreten kann. Außerdem ist wegen der Tatsache, dass Kinder, die wegen einer Läsion der aktiveren linken Gehirnhälfte Sprache rechtshemisphärisch verarbeiten, eine normale sprachliche Entwicklung vorweisen können, auszuschließen, dass Sprachlateralisierung ausschließlich genetisch determiniert ist.[14]

2.2 Das „Sprachzentrum": Broca- und Wernicke-Areal

Das menschliche Gehirn lässt sich nicht nur in seine beiden Hemisphären, sondern zudem in Areale oder Felder aufteilen, die jeweils für die Verarbeitung bestimmter Informationen zuständig sind.

Hirnareale sind, entgegen früherer Erkenntnisse, nicht eindeutig bestimmbar. Man kann zwar bei einer Läsion eines Areals entsprechende Ausfallerscheinungen feststellen, aber dennoch können Menschen, die Hirnschädigungen erleiden, von den Folgen unterschiedlich stark betroffen sein und sogar zum Teil ihre verlorenen Fähigkeiten wieder neu entwickeln. Diese Feststellungen lassen den Schluss zu, dass die einzelnen Felder eines jeden Gehirns hinsichtlich ihrer Lage zumindest leichte Unterschiede aufweisen. Aufgrund dessen können Areale des Cortex nach dem heutigen Stand der Wissenschaft eigentlich nicht mehr als Zentren bezeichnet werden.[15] Im Folgenden soll der Begriff „Sprachzentrum" stellvertretend für die Gesamtheit der beiden oben genannten Areale stehen. Obwohl die Lage eines Feldes nicht exakt lokalisierbar ist, kann man dennoch Angaben zu seiner ungefähren Position machen.

2.2.1 Das Broca-Areal

Das Broca-Areal, das 1864 von dem französischen Arzt Paul Broca entdeckt wurde, befindet sich im Gyrus frontalis inferior, einem vorderen Bereich der Großhirnrinde.[16] [17]

---

[14] Szagun: *Sprachenwicklung beim Kind.* S. 244.
[15] Poeck, Klaus (1995): „Sprache im Gehirn: eng lokalisierbar?" In: *Spektrum der Wissenschaft.* Heidelberg: Spektrum der Wissenschaft Verlag, 92-98. S. 92.
[16] Huber, Walter / Poeck, Klaus / Springer, Luise (2006): *Klinik und Rehabilitation der Aphasie.* Stuttgart: Georg Thieme Verlag. S. 41.
[17] Bösel, Rainer M. (2006): *Das Gehirn: Ein Lehrbuch der funktionellen Anatomie für die Psychologie.* Stuttgart: Kohlhammer. S. 206.

Im Falle einer linkshemisphärischen Präferenz zur Sprachverarbeitung liegt der Großteil des Areals in der linken Hirnhemisphäre und umgekehrt.[18] Das Broca-Areal bildet den motorischen Teil des Sprachzentrums und ist für die Verarbeitung grammatikalischer Informationen zuständig. Personen, die an einer Broca-Aphasie leiden, haben demnach Probleme mit der Artikulation. Ihr Sprachfluss ist dadurch derart beeinträchtigt, dass der Neuropsychologe Rainer M. Bösel ihn mit „telegrammstilartigem Sprechen"[19] vergleicht. Eine weitere Symptomatik der Broca-Aphasie sind Verständnisprobleme bei grammatikalisch komplexen Sätzen. Während ein Patient beispielsweise die unter (3) a. formulierte Aussage nachvollziehen kann, bereitet ihm jedoch die passive Entsprechung (siehe (3) b.) Schwierigkeiten, obwohl beide Sätze inhaltlich äquivalent sind.[20]

(3) a. *The girl bought a cake.*

b. *The cake was bought by the girl.*

2.2.2 Das Wernicke-Areal

Das Wernicke-Areal wurde nach seinem Entdecker, dem Leipziger Psychiater Claus Wernicke, benannt, und ist der sensorische Teil des Sprachzentrums.[21] Seine Aufgabe besteht zudem darin, semantische Informationen zu verarbeiten. Es befindet sich im Normalfall im Gyrus temporalis superior der linken Hirnhemisphäre.[22] Bei einem Defekt des Wernicke-Areals ist es den Betroffenen zwar möglich, flüssig und zügig zu sprechen, jedoch ist das Gesprochene inhaltlich stark fehlerbehaftet. Außenstehende verstehen folglich oftmals nicht, was der Patient mitteilen möchte.[23] Ein möglicher Satz eines Menschen mit beeinträchtigtem Wernicke-Areal könnte lauten:

(4) *First of all, I went to the beginning of June to find the cow's egg.*

Semantisch betrachtet ergibt das Gesagte nur wenig Sinn. Aber im Gegensatz zu denjenigen, die an einer Broca-Aphasie leiden, bilden Menschen, die von einer Wernicke-Aphasie betroffen sind, im Normalfall grammatikalisch korrekte Sätze.[24]

---

[18] Ebd.
[19] Ebd.
[20] Ebd.
[21] Cav, Ferda (2008): *Mehrsprachigkeit – als Chance?* Norderstedt: GRIN Verlag. S. 4.
[22] Kirschbaum, Clemens (2008): *Biopsychologie von A bis Z.* o.O.: Springer. S. 296.
[23] Huber u.a.: *Klinik und Rehabilitation der Aphasie.* S. 45.
[24] Ebd.

2.2.3 Entwicklung der getrennten Verarbeitung von Semantik und Grammatik

Wie wir nun festgestellt haben, werden also Semantik und Grammatik im Gehirn im Sprachzentrum getrennt voneinander verarbeitet. Nun könnte man sich abermals die Frage stellen, ob diese Art der Informationsverwertung genetisch vorbestimmt ist. Um dies beantworten zu können betrachten wir im Folgenden die Verarbeitung grammatikalischer und semantischer Inhalte bei Kindern im Alter zwischen 20 und 36 Monaten.

Im Rahmen einer von Neville und Mills durchgeführten sprachwissenschaftlichen Untersuchung wurde die Gehirnaktivität von Kindern bei der Aufnahme grammatikalischer und lexikalischer Informationen gemessen. Dabei wurde festgestellt, dass Kinder im Alter von 20 Monaten bei der Wahrnehmung von grammatikalischen und semantischen Informationen jeweils eine nahezu identische elektrische Hirnaktivität aufweisen. Zudem waren beide Gehirnhälften in den Verarbeitungsprozess involviert. Es waren also weder getrennte Verarbeitung von Semantik und Grammatik wie bei den Erwachsenen noch linkshemisphärische Präferenz erkennbar. Kinder der Altersklasse von 28 bis 30 Monaten hingegen waren schon fähig, grammatikalische und semantische Informationen unabhängig voneinander zu verarbeiten. Sogar die ausschließlich linksseitige Aktivität war zumindest bei der Verwertung semantischer Inhalte beobachtbar. Grammatikalische Informationen jedoch, wurden zweiseitig ausgewertet. Eine dritte Gruppe untersuchter Kinder bestand aus Versuchsteilnehmern ab 36 Monaten. Sowohl Wörter aus der geschlossenen Wortklasse, die grammatikalische Informationen enthalten, als auch Begriffe der offenen Wortklasse wurden zum Einen in getrennten Arealen des Sprachzentrums und zum Anderen linkshemisphärisch verarbeitet. Diese Kinder zeigten also ein Aktivitätsmuster, das auch dem von Erwachsenen entspricht.[25]

Interessanterweise konnte man innerhalb der gleichen Altersklasse unterschiedliche Aktivitätsmuster beobachten, die maßgeblich von der sprachlichen Erfahrung der Kinder abhingen.[26] Das heißt, dass unter Umständen ein Kind aus der erstgenannten Altersklasse, das in einer sprachlich anregenden Umgebung aufwächst, bereits in der Lage ist, Sprache überwiegend linkshemisphärisch zu verarbeiten.

---

[25] Szagun: *Sprachentwicklung beim Kind.* S. 245 f.

[26] Ebd.

Aufgrund der oben aufgeführten Resultate kann man klar erkennen, dass sich die für einen Erwachsenen typische Sprachverarbeitung innerhalb des Gehirns erst nach und nach entwickeln muss. Broca- und Wernicke-Areal übernehmen also nicht von Geburt an ihre jeweilige Funktion. Zudem wird sie von der individuellen Erfahrung eines Kindes entscheidend beeinflusst. Wegen dieser Erkenntnisse kann man ausschließen, dass Sprachverarbeitung vollständig genetisch determiniert ist. Trotzdem kann man im Umkehrschluss nicht behaupten, dass genetische Voraussetzungen für die neurobiologische Auswertung sprachlicher Inhalte irrelevant wären. Wegen der Tatsachen, dass der Mensch eine natürliche linkshemisphärische Präferenz aufweist und dass Begriffe der geschlossenen Wortklasse generell im motorischen Teil, aber Ausdrücke der offenen Wortklasse immer im sensorischen Teil des Sprachzentrums verarbeitet werden, kann man also feststellen, dass sowohl genetische als auch umweltbedingte Einflüsse für den Spracherwerb von Belang sind.

3 Spiegelneuronen

3.1 Entdeckung der Spiegelneuronen

Die Entdeckung der Spiegelneuronen war mehr eine Zufallsbeobachtung, als ein darauf ausgelegtes Forschungsprojekt.

Ein Team von italienischen Neurophysiologen, bestehend aus Rizzolatti, Di Pellegrino, Fadiga, Fogassi und Gallese, machte 1995 an der Universität in Parma Tierversuche an Makaken-Affen.[27] Sie plazierten Elektroden am ventralen prämotorischen Kortex um speziell die Neuronen zu untersuchen, die für die Kontrolle der Aktionen von Hand und Mund zuständig sind.[28] Solche waren dann auch bei den ausführenden Handlungen der Affen aktiv, wenn sie z.B. nach Nahrung oder einem anderen Gegenstand griffen. Die Neurophysiologen machten jedoch eine weitere Beobachtung: dieselben Neuronen waren auch dann aktiv wenn sie einem anderen Affen oder auch einem Menschen dabei zusahen wie diese eine Handlung ausführten.

---

[27] Vgl. http://en.wikipedia.org/wiki/Mirror_neuron, 22.09.2010.
[28] Vgl. ebd., 22.09.2010.

3.2 Funktion

Die Funktion der Spiegelneuronen liegt bei der Steuerung von Handlungen. Dabei sind sie nicht nur aktiv wenn Handlungen ausgeführt werden, sondern auch bei dessen Nachvollziehung. Eine Art innere Simulation. Außerdem werden nicht nur Handlungen nachvollzogen, sondern auch Emotionen. Die Einsetzung der Spiegelneuronen ist mehr ein intuitives Geschehen als ein steuerbares. Somit bilden die Spiegelneuronen die Grundlage für die emotionale Intelligenz.

Die Nervenzellen entwickeln sich vor dem ersten Lebensjahr eines Menschen und hilft den Säuglingen dabei ihre Umgebung und die Handlungen die dort stattfinden zu verstehen.[29]

Spiegelneuronen müssen in den ersten Lebensjahren gefördert werden, da sie sich sonst zurückbilden.[30]

Das Lächeln eines Säuglings ist am Anfang reine Imitation, bzw. eine Spiegelung der Verhaltensweise oder auch der Handlung des Gegenübers. Dabei lernt das Kind eine Komposition aus seiner Wahrnehmung und den dazugehörigen Kontexten.

Dieser Vorgang läßt sich wie folgt verdeutlichen:

Stellt man sich z.B. eine Mutter vor die ihr Kind streichelt und gleichzeitig anlächelt, dann ist dies für den Säugling ein angenehmes. Daraus lernt das Kind, dass ein Lächeln etwas Positives ist. Verzerrt die Mutter aber ihr Gesicht, weil der Säugling die Windeln voll hat, assoziiert das Kind die Grimasse mit dem unangenehmen Gefühl das es verspürt.

3.3 Fehlfunktionen

Es könnte möglich sein dass beim Autismus eine Fehlfunktion der Spiegelneuronen besteht, da sie nicht durch Nachahmung lernen können. Diese Aussage beruht auf einer amerikanischen Forschung, bei der EEGs an gesunden und autistischen Probanden gemacht wurden. Dabei wurden „bestimmte Wellenfrequenzen [festgestellt], die bei den gesunden Probanden unterdrückt [wurden], wenn sie andere Menschen beobachteten, bei Autisten jedoch nicht."[31]

---

[29] Vgl. ebd., 22.09.2010.
[30] Vgl. http://www.planet-wissen.de/natur_technik/forschungszweige/spiegelneuronen/interview_defekte_spiegelneuronen.jsp, 22.09.2010.
[31] http://de.wikipedia.org/wiki/Spiegelneuron, 22.09.2010.

Außerdem kann es auf Grund von traumatischen Erlebnissen zur Beeinträchtigung von Spiegelneuronen kommen.

Betrachtet man nun bekannte Fälle von Wolfkinder, die erst im Schulalter mit Menschen in Kontakt gekommen sind, könnte man meinen, dass hier das Training der Spiegelneuronen verpaßt wurde und diese sich dann zurückgebildeten. Dies wäre eine Erklärung dafür, dass sich der Spracherwerb bei Wolfskindern so schwer gestaltete.

3.4 Bedeutung für Sprache

Spiegelneuronen sind die biologische Basis für Sprache. Dabei ist zu beachten, dass der Vorläufer des Broca-Areals mit Spiegelneuronen ausgestattet war um Handlungen anderer zu erkennen.

Außerdem befindet sich das Sprachzentrum nah an den Spiegelneuronen, die für die Bewegungen zuständig sind. Beim Affen hingegen liegen die Spiegelneuronen an der Stelle, wo sich beim Menschen das Broca-Areal befindet. Dies bedeutet, dass primitive manuelle Gesten der Evolution der Sprache vorausgegangen sein könnten.

Auch bei der inneren Simulation während eines Gesprächs sind aktive Spiegelneuronen festzustellen.

Obendrein ist die Gestik und Mimik in der Kindheit stark ausgeprägt, was zwar mit den Jahren leicht abschwächt aber fortbesteht.

4 Fazit

Man kann feststellen, dass Sprachverarbeitung nicht ausschließlich genetisch beeinflusst wird, da eine unilaterale Verwertung sprachlicher Informationen nicht zwingend notwendig ist, um Sprache zu erlernen. Obwohl bestätigt werden konnte, dass die linke Hirnhemisphäre prinzipiell die dominantere ist, kann man nicht von erfahrungsunabhängiger Verarbeitung sprachlicher Informationen sprechen, da es zum Beispiel möglich ist, im Falle einer neurobiologischen Beeinträchtigung einer Hemisphäre, Ausfälle zu regulieren und somit Sprache mit der jeweils anderen Gehirnhälfte zu verwerten.

Auch die getrennte Verarbeitung grammatikalischer und semantischer Informationen ist sowohl auf die Genetik als auch auf die jeweilige Sprachumgebung zurückzuführen. Kleinkinder bzw. Säuglinge sind durchaus in der Lage, Semantik und Grammatik im

Gehirn zunächst zusammen zu verarbeiten. Folglich kann nicht davon ausgegangen werden, dass die eindeutige Funktion des Broca- und des Wernicke-Areals bereits von Geburt an festgelegt ist. Vielmehr muss eine separate Verwertung zunächst erlernt werden, was je nach sprachlicher Erfahrung im Normallfall zwischen dem 28. und 30. Lebensmonat geschieht.

Man kann also festhalten, dass sowohl die linkshemisphärische Präferenz für Sprache als auch die Herausbildung der Funktionen des Broca- und des Wernicke-Areals zwar nicht ausschließlich durch Umwelteinflüsse oder Veranlagung erklärbar sind, aber dass die Entwicklung der Sprachverarbeitung eines jeden Kindes prinzipiell ähnlich (aber nicht genau gleich) abläuft. Dadurch treten individuelle Unterschiede bei der Sprachverarbeitung und –produktion auf, wodurch jeder Mensch trotz gleicher neurobiologischer Grundlage hinsichtlich seiner Sprache einzigartig ist.

Spiegelneuronen bilden, wie schon erwähnt, die Grundlage zum Spracherwerb, die in den ersten Jahren eines Menschen geprägt werden müssen um im späteren Verlauf Sprache nutzen und verarbeiten zu können. Dabei verdeutlichen die Auswirkungen der Fehlfunktionen die Wichtigkeit dieser Nervenzellen, nicht nur für die Sprache, sondern auch für das Sozialverhalten.

5 Literaturverzeichnis

Bösel, Rainer M. (2006): *Das Gehirn: Ein Lehrbuch der funktionellen Anatomie für die Psychologie.* Stuttgart: Kohlhammer.

Cav, Ferda (2008): *Mehrsprachigkeit – als Chance?* Norderstedt: GRIN Verlag.

Huber, Walter / Poeck, Klaus / Springer, Luise (2006): *Klinik und Rehabilitation der Aphasie.* Stuttgart: Georg Thieme Verlag.

Hartje, Wolfgang / Poeck, Klaus (2006): *Klinische Neuropsychologie.* 6. Aufl., Stuttgart: Georg Thieme Verlag.

Jäncke, Lutz (2006): „Funktionale Links-rechts-Asymmetrien." In: *Neuropsychologie.* 2. Aufl., Hrsg. von Hans-Otto Karnath und Peter Thier. Heidelberg: Springer Verlag, 595-604.

Kirschbaum, Clemens (2008): *Biopsychologie von A bis Z.* o.O.: Springer Verlag.

Lust, Barbara (2006): *Child Language: Acquisition and Growth.* Cambridge (u.a.): Cambridge University Press.

Poeck, Klaus (1995): „Sprache im Gehirn: eng lokalisierbar?" In: *Spektrum der Wissenschaft.* Heidelberg: Spektrum der Wissenschaft Verlag, 92-98.

Szagun, Gisela (2006): *Sprachentwicklung beim Kind.* Vollständig überarbeitete Neuausgabe, Weinheim / Basel: Beltz Verlag.

Wellhöfer, Peter R. (1990): *Grundstudium Allgemeine Psychologie.* 2. Aufl., Stuttgart: Enke.

Internetquellen

Planet-wissen.de
    http://www.planet-wissen.de/natur_technik/forschungszweige/spiegelneuronen/interview_defekte_spiegelneuronen.jsp (22.09.2010)

Wikipedia.org
    http://de.wikipedia.org/wiki/Spiegelneuron (22.09.2010)
    http://en.wikipedia.org/wiki/Mirror_neuron (22.09.2010)